DEIN BABYALBUM

ÀNGELS NAVARRO

Dieses Buch gehört:

Ich bin jetzt ___ Jahre und ___ Monate alt.

Beim Ausfüllen dieses Buchs helfen mir:

Als ich in Mamas Bauch war

Ich war ___ Wochen in Mamas Bauch.

Ich habe euch gern sprechen gehört.

Ich wurde gern gestreichelt.

Ich habe gern Musik gehört.

Ich habe mich viel bewegt.

Ich fand es toll, wenn Mama spazieren ging.

Das ist ein erstes Foto von mir, noch bevor ich geboren wurde. Man nennt es Ultraschallbild.

DEIN BABYALBUM

ÀNGELS NAVARRO

Dieses Buch gehört:

Ich bin jetzt   Jahre und   Monate alt.

Beim Ausfüllen dieses Buchs helfen mir:

Als ich in Mamas Bauch war

Ich war ____ Wochen in Mamas Bauch.

Ich habe euch gern sprechen gehört.

Ich wurde gern gestreichelt.

Ich habe gern Musik gehört.

Ich habe mich viel bewegt.

Ich fand es toll, wenn Mama spazieren ging.

Das ist ein erstes Foto von mir, noch bevor ich geboren wurde. Man nennt es Ultraschallbild.

Meine Geburt

Ich wurde in _____ geboren.

Und zwar am _____ im Jahr _____

Das war ein ❀ Montag 🦋 Dienstag 🐰 Mittwoch ⬤ Donnerstag

♥ Freitag 🐰 Samstag ✽ Sonntag um _____ Uhr.

Mama hat mich hier auf die Welt gebracht:

🦋 zu Hause ⬤ im Aufzug ♥ im Geburtshaus 🐰 im Auto

✽ im Taxi ❀ im Krankenhaus

Wer war dabei?

Zum Zeitpunkt meiner Geburt waren außer meiner Mutter noch da:

- Mein Papa
- Der Arzt
- Die Hebamme

Und außerdem

Und was ist passiert?

- Ich habe sehr lange gebraucht.
- Ich kam ganz schnell.
- Meine Eltern waren hin und weg.
- Papa hat die Nabelschnur durchtrennt.
- Der Arzt hat mir einen Klaps auf den Po gegeben.
- Ich habe gleich kräftig geschrien.
- Nach der Geburt haben sie mich auf Mamas Brust gelegt.
- Alles wurde auf Video aufgenommen.
- Mein Papa war sehr nervös.
- Es gibt Fotos von meiner Geburt.

Und noch viel mehr:

Meine ersten Anziehsachen

Das Erste, was ich nach meiner Geburt angezogen bekam, sah so aus:

(Platz für ein Foto oder eine Zeichnung)

Wie sah ich damals aus?

Ich wog _____ Gramm und war so groß: _____ cm.

○ Ich hatte nur wenige Haare.   ○ Ich hatte schon viele Haare.

Mein Haar hatte die Farbe _____

und meine Augen hatten damals die Farbe _____ .

Wem sah ich ähnlich?

Papas Familie sagte, dass ich …

Papa ähnlich sah.

Mama ähnlich sah.

keinem so richtig ähnlich sah.

Mamas Familie sagte, dass ich …

Mama ähnlich sah.

Papa ähnlich sah.

keinem so richtig ähnlich sah.

Das sind ein paar Fotos von den ersten Tagen nach meiner Geburt.

Und hier noch weitere von meinen ersten Tagen.

Mein Name

Ausgesucht hat meinen Namen: Mama   Papa   Jemand anderes

Papas Favoriten waren:

Mamas Favoriten waren:

Schließlich nannten sie mich _____ , weil _____ .

Aber Mama und Papa nennen mich nicht immer so. Manchmal benutzen sie auch Kosenamen, wie:

♥ Schatz   ✽ Mäuschen   ⬤ Prinzessin   ✿ Spatz

Und auch

Ich hatte auch einen Spitznamen, und zwar:

Meine Familie

Mein Stammbaum

Meine Familie

Meine Mama heißt _____ und war damals _____ Jahre alt.

Mein Papa heißt _____ und war damals _____ Jahre alt.

Ich war das erste Kind.   Ich bin ein Einzelkind.   Ich habe Geschwister.

Meine Geschwister heißen: _____   Er/Sie ist am _____ geboren.

_____   Er/Sie ist am _____ geboren.

_____   Er/Sie ist am _____ geboren.

_____   Er/Sie ist am _____ geboren.

Mein Zuhause

Mein erster Tag zu Hause

Ich habe: lange geschlafen — ein bisschen geschlafen — gar nicht geschlafen

Ich habe: viel geschrien — nur ein bisschen geschrien — gar nicht geschrien

Ich hatte: großen Appetit — wenig Appetit — gar keinen Appetit

Meine Eltern waren aufgeregt und wussten gar nicht, was sie tun sollten.

Meine Geschwister haben sich gefreut.

Besucht haben mich: die Eltern meiner Mama — die Eltern meines Papas

Und außerdem

Wir wohnen noch im selben Haus.   Wir sind umgezogen.

Heute wohne ich hier:

Wer wohnt bei uns?

Bei uns zu Hause leben:

Mama   Papa   meine Geschwister

Mamas Mama   Mamas Papa   Papas Mama   Papas Papa

Und außerdem

Wir hatten diese Haustiere:

Mein Zimmer

Ich habe bei meinen Eltern geschlafen, bis ich _____ alt war.

Ich hatte gleich mein eigenes Zimmer.

Hier habe ich ein Bild von meinem Zimmer gemalt, wie es damals aussah.

Mein Tagesablauf

Essen

Mama hat mich gestillt.

Ich bekam die Flasche.

Ich bekam beides.

Ich hatte immer großen Hunger.

Ich habe nicht viel gegessen.

Schlafen

Ich habe viel geschlafen.

Ich habe nicht gern geschlafen.

Ich habe mein Bett mit einem Kuscheltier geteilt.

Ich habe immer mit dem Schnuller geschlafen.

Zum Einschlafen habe ich am Daumen genuckelt.

Zum Einschlafen wurde mir vorgesungen.

Waschen

Ich wurde gern gewickelt.

Ich habe gern gebadet.

Meine ersten Spielsachen waren:

- eine Kuscheldecke
- eine Rassel
- ein Teddybär
- eine Stoffpuppe
- eine Handpuppe
- ein kleiner Ball
- eine Quietscheente
- eine Spieluhr
- eine Spieldecke
- ein Märchenbuch
- ein Windrädchen
- Bauklötze
- ein Stoffhäschen
- ein Mobile
- ein Auto
- ein Beißring

und _____

Dies war mein Lieblingsspielzeug:

Male hier dein Lieblingsspielzeug hin oder klebe ein Foto davon ein!

Was ich mochte und was nicht

	Ja	Nein		Ja	Nein		Ja	Nein
Mama und Papa mit Sachen bewerfen	♥	♥	herumgetragen werden	♥	♥	Windeln wechseln	♥	♥
etwas vorgesungen bekommen	🐰	🐰	die Stimme von Mama und Papa	🐰	🐰	geküsst werden	🐰	🐰
gebadet werden	🦋	🦋	schlafen gehen	🦋	🦋	den Klang der Spieluhr	🦋	🦋
etwas vorgelesen bekommen	❀	❀	Bauchweh haben	❀	❀	Zahnweh	❀	❀
Fieber messen lassen	✲	✲	in der Wiege liegen	✲	✲	„Hoppe, hoppe, Reiter" spielen	✲	✲
gekitzelt werden	⬤	⬤	spazieren gehen	⬤	⬤	zum Arzt gehen	⬤	⬤

Das mochte ich außerdem:

Meine ersten Wörter

Diese Wörter konnte ich im Alter von einem Jahr sagen:

- Mama
- Papa
- Oma
- Opa
- Baby
- meins
- da
- Gib!
- Nimm!
- Guck!
- Wasser
- Suppe
- Oh!
- Wau!
- Ja
- Nein

Weitere Wörter:

Gefühle

Hier lache ich.

(Klebe ein Foto ein!)

Hier weine ich.

Hier bin ich ängstlich.

Das ist mein Lieblingsfoto!

Der Tag, an dem Mama zum ersten Mal wieder zur Arbeit gegangen ist

An dem Tag war ich:

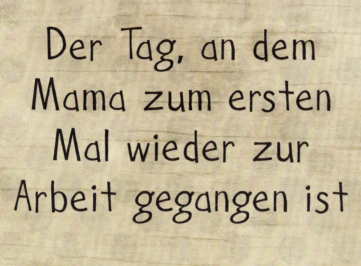

bei meinen Großeltern

in der Kinderkrippe

bei Papa

bei einer Tagesmutter

bei jemand anderem.

Dies ist ein Bild von der Person, bei der ich diesen Tag verbracht habe:

Dies sind die Kinder, die ich damals gekannt habe

Meine ersten Freunde hießen:

Das sind Fotos aus dieser Zeit.

Mein zweites Lebensjahr

Ich bin gewachsen und habe schon viel gelernt!

Mein Essen

Ich kann: mit Löffel und Gabel essen.

allein aus einem Becher trinken.

mir selbst etwas zu essen nehmen.

Das war mein Lieblingsessen:

Das mochte ich nicht so gern:

Zeit fürs Bett!

Ich konnte schwer einschlafen.

Ich habe durchgeschlafen.

Ich bin manchmal aufgewacht.

Ich bin oft aufgewacht.

Ich habe bei Mama und Papa geschlafen.

Ich habe mit einem Schnuller geschlafen.

Meine Angewohnheiten

Ich wurde gern eingeseift.

Haare waschen mochte ich nicht.

Tagsüber trug ich keine Windeln.

Nachts trug ich keine Windeln.

Ganz schön mobil!

Das konnte ich schon:

- rennen
- Türen und Schubladen öffnen
- springen
- mit Bunt- und Wachsmalstiften malen
- mein Spielzeug herumtragen
- Knöpfe drücken
- einen Ball schießen
- die Treppe hinauf- und hinabsteigen
- auf dem Dreirad fahren

Meine Ausflüge

Ich bin gern spazieren gegangen.

Ich ging gern an der Hand.

Ich ließ mich gern im Kinderwagen schieben.

Ich wollte allein laufen.

Hier war ich am liebsten:

im Haus meiner Großeltern   bei meinen Freunden   im Park   im Kindergarten

Andere Orte:

Ferien

Ich war gerne am Strand.

Ich mochte Ferien in den Bergen.

Ich war am liebsten im Schwimmbad.

Ich fuhr gern mit dem Zug.

Fliegen fand ich toll.

Mit dem Schiff zu fahren war spannend!

Mein drittes Lebensjahr

Hier habe ich ein Bild von dieser Geschichte gemalt:

Hier können meine Eltern eine Anekdote aus meinem 3. Lebensjahr festhalten:

Ich bin jetzt drei Jahre alt!

Das kann und weiß ich schon alles:

- laufen, Treppen hinauf- und hinabsteigen, klettern, mit beiden Füßen springen, auf Zehenspitzen gehen
- mit meinen Eltern am Tisch essen und den Löffel halten, ohne zu kleckern
- mich mit Erwachsenen unterhalten
- Fragen stellen
- mich allein waschen und zur Toilette gehen
- meine Anziehsachen auf- und zuknöpfen
- herumkritzeln und Striche und Kreise malen
- die Farben und Formen
- die Zahlen 1 und 2 und noch mehr
- allein und mit anderen Kindern zusammen spielen
- puzzeln und etwas aus Bauklötzen bauen
- bei der Hausarbeit helfen
- wütend werden, wenn ich meinen Willen nicht bekomme

Im Kindergarten

Im Alter von _____ Jahren bin ich in den Kindergarten gekommen.

Mein Kindergarten hieß: _____

Meine Kindergarten-gruppe hieß: _____

Meine Erzieherin/mein Erzieher hieß: _____

Am liebsten mochte ich im Kindergarten:

- malen und zeichnen
- Figuren aus Papier ausschneiden
- singen
- draußen spielen
- Ausflüge
- basteln
- turnen
- Geschichten anhören
- Geburtstag feiern

und außerdem: _____

Meine Freundinnen und Freunde hießen: _____

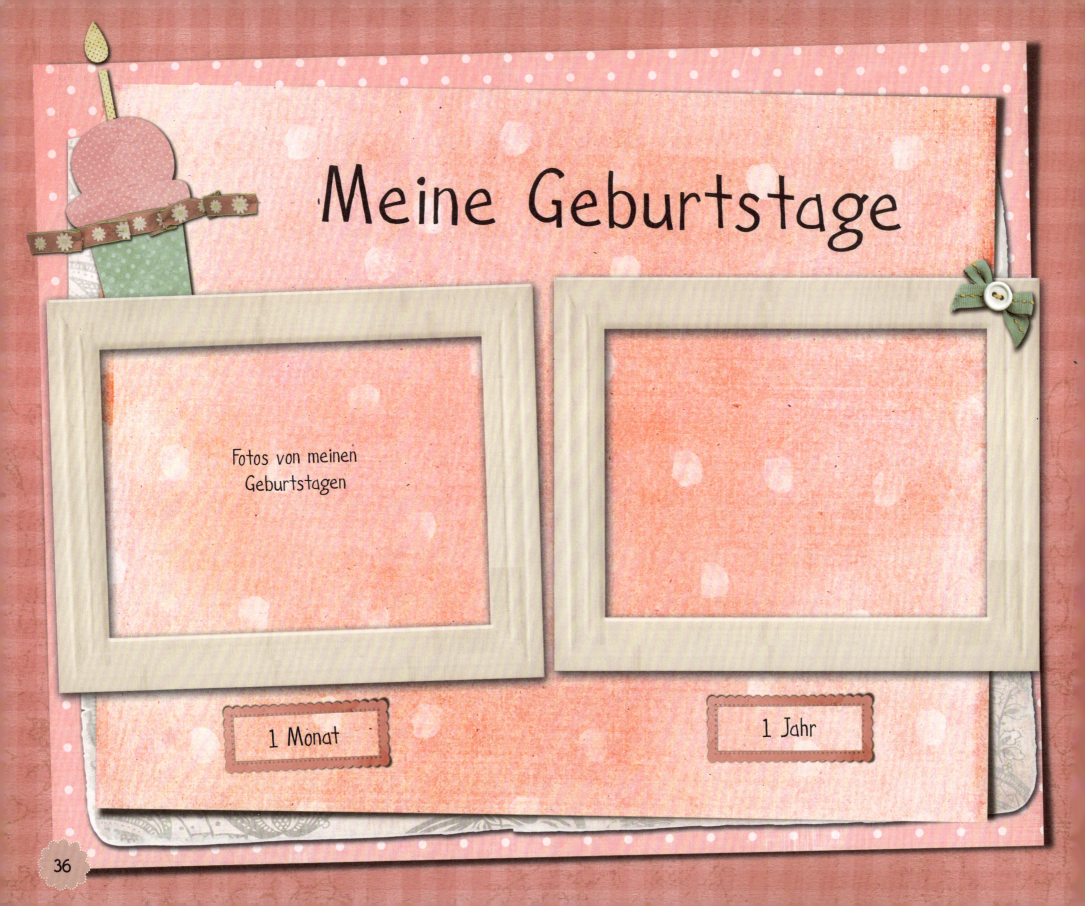

Ich habe dieses Buch

am _____

im Jahr _____ ausgefüllt.

Jetzt weiß ich ganz viel über meine ersten drei Lebensjahre!
Ich werde mich immer daran erinnern.